AF332650

27

_n 16039.

27

_n 16039.

DISCOURS

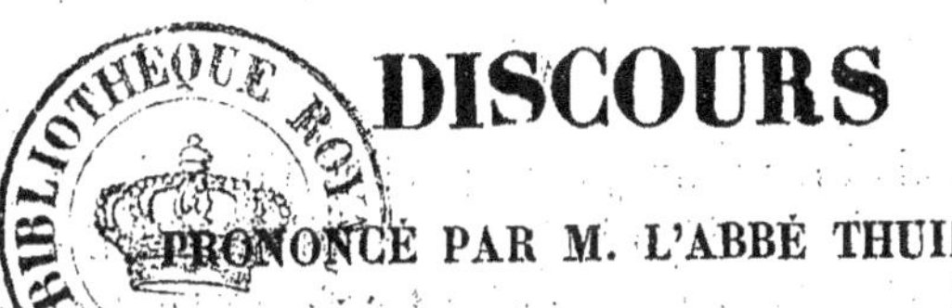

PRONONCÉ PAR M. L'ABBÉ THUILLIER,

CURÉ DE MONTMORENCY,

DANS L'ÉGLISE DE SOISY, LE JOUR DE

L'INHUMATION DE M. PERGENT

(JEAN-PHILIPPE),

CURÉ DE SOISY, DÉCÉDÉ LE 9 JANVIER 1843.

> Beati mortui qui in Domino moriuntur : amodo ut requiescant a laboribus suis; opera enim illorum sequuntur illos.
>
> Heureux ceux qui meurent dans le Seigneur : ils vont se reposer après leurs travaux; car leurs œuvres les suivent.
>
> *Apoc., c. 14, v. 13.*

Chers collègues, mes frères, quelle cérémonie lugubre nous réunit dans ce saint temple ! Tout près du sanctuaire un cercueil, et dans ce cercueil un ministre des autels, un ambassadeur du Très-Haut, un représentant de J. C., à qui il a été dit : Allez, instruisez les nations, baptisez-les au nom du père, du fils et du Saint-Esprit; recevez l'Esprit-Saint, les péchés seront remis à ceux à qui vous les remettrez, et ils seront retenus à ceux à qui vous les retiendrez. Un cercueil, et dans ce cercueil un prêtre modeste, un pasteur selon le cœur de Dieu, le médecin charitable, l'ami généreux, le père tendre des âmes qui ont été confiées à sa sollicitude, des âmes qui n'ou-

1843

blieront jamais l'heureux jour où elles l'ont choisi
pour confident, pour dépositaire de leurs sentiments
les plus intimes, de leurs pensées les plus secrètes.
Un cercueil, et dans ce cercueil l'homme de bien,
l'homme qui, à l'exemple de son Sauveur, travailla
toujours à être doux et humble de cœur, l'homme
qui, dans les béatitudes évangéliques, s'était attaché
de toute son âme à celle qui annonce le bonheur du
ciel aux pacifiques. Un cercueil! à cette vue, comme
les pensées se pressent dans l'esprit, comme les ré-
flexions se succèdent avec rapidité dans le cœur,
comme la tristesse nous accable de tout son poids,
comme la grande image de la mort se développe à
nos regards, laissant au fond de notre âme ces mots
terribles, mais salutaires, ces mots que nous vou-
drions effacer partout, et que, partout, nous rencon-
trons : Lui est mort aujourd'hui; toi, tu mourras
demain.

Loin de nous, cependant, la pensée de jeter au
milieu de vous de la tristesse, et rien que de la tristesse. Eh! ne savons-nous pas que la mort du chrétien est le commencement de sa véritable vie, que le
dernier soupir du juste est le soupir de l'espérance
et de l'immortalité, que la fin du disciple de l'Évangile est le repos après le travail, le calme après la
tempête, le bonheur après l'épreuve, la gloire après
le combat, la couronne après la victoire, le paradis
après la terre.

Oui, heureux sont ceux qui meurent dans le Seigneur; car leurs œuvres les suivent, et leurs œuvres
sont leurs titres d'honneur auprès des hommes et
auprès de Dieu. Telle est la grande vérité que va

nous présenter la vie de celui qui est l'objet de nos regrets et de nos larmes.

Sur la tombe d'un vieillard, autour de laquelle j'aperçois, avec attendrissement, ses élèves, ses amis, ses ouailles, ses confréres, je ne viens point vous dire de ces traits mémorables qui éveillent l'attention de la renommée, de ces qualités saillantes qui excitent l'admiration publique, de ces actions brillantes par lesquelles nous avons la faiblesse de nous laisser éblouir ; je viens vous offrir une heureuse réunion de paisibles vertus, vertus sociales, vertus ecclésiastiques, vertus personnelles embellies par la douceur et la simplicité. La modestie va donc jouir des honneurs qui ne devraient appartenir qu'à elle seule, et le plus simple de tous les pasteurs se trouvera le plus heureux.

L'ami, le père que Dieu a appelé auprès de lui, chercha le Seigneur dès qu'il fut en état de le connaître, et il le connut de bonne heure, grâce à la vigilance et à la tendresse d'un père chrétien et d'une mère vertueuse, qui saluèrent avec amour la naissance d'un enfant, regardé par eux comme un dépôt sacré mis entre leurs mains par le père commun de tous les hommes ; d'un enfant qu'ils devaient former à la pratique de toutes les vertus qui font l'homme de bien, le chrétien fidèle : aussi avec quel soin firent-ils germer dans ce jeune cœur l'amour de la vérité, l'amour de la religion! De quelles précautions ne l'entourèrent-ils pas pour le préserver des erreurs et des vices du siècle! Comme ils lui répétaient avec une touchante onction : Mon cher enfant, n'oubliez jamais que vous êtes sur la terre pour connaître

Dieu, pour l'aimer, pour le servir, pour parvenir, par ce moyen, à la vie éternelle! Pénétré de ce que ces paroles renferment de grandeur et de sainteté, il se fit une étude de retracer dans sa vie la vie de Jésus; soumis à ses parents, plein d'amour et de respect pour eux, il comptait ses années par les progrès qu'il faisait dans les sciences, et surtout dans la science véritable, dans la science du salut.

Souvent entraîné par sa piété, il allait auprès des tabernacles, où repose le souverain maître des cœurs, lui dire avec un saint abandon, avec un pieux désir de suivre les avertissements célestes : Seigneur, que voulez-vous que je fasse? Sa prière, plusieurs fois répétée, monta au ciel, et en redescendit avec ce conseil : Fuyez le monde, cherchez la paix dans la solitude; là je vous parlerai au cœur, là je vous dirai ce que j'attends de votre soumission. A ses yeux, ce conseil fut un précepte. Il quitta ce bon père, cette bonne mère, qui avaient été les guides éclairés, les sages instituteurs de ses premières années, et entra dans l'ordre des Prémontrés, ordre fondé, par saint Norbert, au commencement du douzième siècle, ordre où l'on pratiquait toutes les observances religieuses : l'abstinence, le jeûne, la renonciation à toute propriété, l'assiduité aux offices divins et à la prière, le zèle pour le salut du prochain; ordre qui n'était qu'un séminaire établi pour former des ouvriers évangéliques, de zélés missionnaires, des prêtres remarquables par leurs talents et leurs vertus.

Séparé du monde, vivant dans la retraite, il commença par être bon religieux, et ne tarda point à être élevé à la dignité du sacerdoce; il ne reçut pas

ce redoutable fardeau sans intervalle et sans prépa-
ration; il n'avança dans les ordres qu'à mesure qu'il
avançait en lumière et en piété, ne voulant, pour
monter à ces emplois sacrés, d'autres degrés que ses
vertus. Toujours d'accord avec lui-même, bien loin
de se produire et d'étaler ambitieusement les études
de la loi de Dieu, qu'il avait méditée avec un soin si
assidu, il s'en nourrit longtemps en secret, et le premier effet de la science fut sa modestie; prêtre, il se
considéra, dans la méditation de ses sublimes préro-
gatives, comme le sacrificateur de la loi nouvelle, le
ministre du Dieu vivant, appelé à offrir, sur les autels du saint des saints, cette victime sans tache,
seule capable de rendre à la toute-puissance divine
des hommages dignes d'elle, et se considéra, comme
un nouveau Moïse, destiné à conduire à travers les
déserts du monde présent un peuple de vrais descen-
dants d'Abraham, un peuple qui commence, dans
cette vallée de larmes, cette vie d'adoration et
d'amour, dont la consommation se trouve dans l'éternité. Ces idées si élevées du sacerdoce l'engagèrent,
pour commencer sa mission, à attendre qu'il eût
reçu de ses bonnes œuvres le témoignage de l'amour
qu'il portait à Dieu, et qu'il eût trouvé, dans les
grâces qu'il avait reçues, les marques de l'amour que
Dieu lui portait.

Pendant ces épreuves, qui annonçaient tout à la
fois son zèle et sa prudence, la tempête qui couvrait
la France de deuil et de ruines, cette tempête sou-
levée par les passions, grossie par l'impiété, s'avançait grondant au-dessus des maisons religieuses, au-
dessus des temples de Dieu. Les ennemis du Sei-

gneur et de son peuple, après s'être élevés, dans leurs écrits incendiaires, contre le Très-Haut et contre les hommes de sa droite, passèrent des menaces aux effets. D'un mot, ils détruisirent les couvents, ces asiles d'où sont sortis tant d'hommes éminents par leur piété, par la vaste étendue de leurs connaissances; ces maisons qui ont donné à notre patrie tant de gloire, tant de prospérité ; ces retraites, où des mains pures étaient sans cesse élevées vers le ciel, pour suspendre les arrêts de sa justice; ces associations de pieuses filles qui se vouaient au soin des orphelins, à l'éducation des enfants pauvres, au soulagement de toutes les misères, de toutes les maladies qui assiégent l'humanité. La persécution avait proclamé ses décrets ; l'obéissance était devenue une nécessité. L'ami de la solitude dut s'arracher à cette cellule, témoin de sa pénitence; à ce sanctuaire, où il avait goûté les attraits de l'oraison et les charmes indicibles d'une conversation céleste; à ce cloître, riche de tant de souvenirs de vertus, qui obligeaient les enfants du saint évêque de Magdebourg.

Notre jeune cénobite ne quitta la retraite qu'il avait choisie d'après l'inspiration divine, que pour s'ensevelir dans une autre que lui offrit l'amitié, guidée par le désir de le dérober aux recherches de ces hommes, qui, non contents d'avoir imposé aux religieux une liberté dont ils s'étaient volontairement dépouillés, voulaient encore les forcer à prêter un serment que leur conscience rejetait avec horreur Oh ! ces hommes savaient bien qu'ils ne pouvaien avoir pour sectateurs que des apostats! Aussi tous ceux qui reculèrent devant cette note d'infamie furent-ils obligés de fuir le sol ingrat de leur patrie!

C'est alors que celui que nous avons admiré dans le sein de sa famille, dans le cloître, dans la persécution, soumis à ses parents, fidèle à son Dieu, inébranlable dans ses devoirs, se réfugia dans une terre amie, dans une terre attachée à la France par ses malheurs et par sa foi, dans la terre hospitalière de Pologne. Là il sentit les avantages d'une bonne éducation, là il recueillit le fruit d'études sérieuses. Ce qu'il avait appris, il l'enseigna à un prince devenu célèbre dans l'histoire contemporaine. La noble maison qui lui confia ses espérances n'eut que des éloges à donner au savant émigré, qui, pour s'acquitter de sa mission, s'attacha de cœur et d'âme à cette vérité, que l'instruction sans l'éducation, la science sans la vertu, sont des sujets de désolation et pour la famille et pour la société. Les soins du maître avaient été estimés à leur juste valeur par l'élève et par ses parents; aussi, quand l'orage révolutionnaire s'éloigna de la France pour laisser briller l'aurore du retour à la religion, on voulut le retenir par les promesses les plus flatteuses : rien ne put arrêter l'israélite sur la terre étrangère. Il se hâta de rentrer dans sa patrie, heureux d'y retrouver son Dieu, ses temples, ses autels, les lieux où il avait appris à bégayer le nom du Seigneur.

A son retour, ce ne fut plus une famille étrangère qui le pria d'entrer dans son sein pour exercer ces fonctions importantes de précepteur, ce fut une famille amie, une famille qui est au milieu de nous, une famille qui vous est connue par ses bienfaits (*).

____

(*) M. le baron Davillier, pair de France.

Sa reconnaissance, sa vénération pour le prêtre dont nous respectons la vertu, nous disent assez qu'il fut pour ses élèves plus qu'un maître; pour leurs parents, plus qu'un instituteur : pour les uns il fut un père, pour les autres un ami dévoué; pour tous, il est resté un objet de dévouement et d'amour.

Quand l'éducation qui lui avait été confiée fut terminée, il pensa à rentrer dans le ministère actif. Cette intention connue, le dernier abbé des Prémontrés (*), qui occupait alors une dignité importante dans le chapitre de Paris, désireux de récompenser un prêtre dont il avait depuis longtemps apprécié tout le mérite, lui offrit plusieurs places éminentes. Tout fut refusé par l'homme qui avait voulu vivre inconnu, par l'homme que sa modestie éloigna toujours du théâtre où auraient pu briller ses talents. Lui qui n'avait pas jugé à propos d'accepter le premier vicariat de la métropole, qu'on venait de lui offrir en dernier lieu, accepta avec joie la cure de Soisy, heureux d'y trouver l'occasion de faire le bien et, en le faisant, de persévérer dans son amour pour la modestie, la simplicité et le silence.

Que vous dirai-je du pasteur que vous pleurez, du prêtre dont la perte douloureuse est venue nous affliger, nous qui aimions à voir ces anciens du sacerdoce, qui avaient porté le poids du jour et de la chaleur; à admirer ces soldats de J. C., qui avaient combattu pour la foi; à chercher dans leurs exemples les moyens de nous encourager dans l'exercice quelquefois si pénible de notre saint ministère?

Tout ce qui nous reste à vous dire, vous le savez

(*) M. Lécuy, vicaire général de Paris.

mieux que nous. O vous, habitants de cette paroisse, vous qui étiez si chers à son cœur, c'est à vous de célébrer vous-mêmes ses vertus ; de raconter avec quelle affabilité il vous accueillait, avec quelle bonté il allait vous voir dans vos demeures ; de publier avec quelle bienveillance il se proportionnait à votre langage par la simplicité de ses paroles, avec quelle patience il écoutait les longs récits de vos peines et de vos chagrins. Ames malheureuses ! dites-moi son empressement à vous apporter des consolations ; dites-moi avec quelle délicatesse il vous soulageait dans votre indigence, avec quelles attentions il vous visitait dans vos maladies, avec quelle affectueuse piété il vous encourageait à bénir la main de Dieu qui vous éprouvait. Vous qui l'avez vu auprès du chrétien mourant, ou rendant les derniers honneurs aux dépouilles mortelles d'un enfant de l'Église, oh ! édifiez-nous par le récit de la charité, de la sensibilité de ce cœur qui se joignait à vous pour verser des larmes sur l'agonie, sur la tombe d'un ami, d'un parent, d'un frère, d'une sœur, d'un époux, d'une épouse, d'un père, d'une mère, que la mort allait frapper ou que la mort avait déjà enlevés à votre tendresse, à vos affections. Oui, habitants de Soisy et d'Eaubonne, venez répéter auprès de ses cendres les louanges, les bénédictions dont vous aimiez à le combler pendant sa vie. O pasteurs ! n'oublions jamais que notre meilleur juge, que notre plus bel éloge, c'est la voix du peuple, c'est la bénédiction du pauvre.

Le pieux confrère pour lequel va s'offrir le rédempteur du monde, dans l'auguste sacrifice de la messe, voyait depuis longtemps ses forces diminuer. Son zèle était le même ; mais son zèle ne trouvait plus assez de santé, assez de vigueur pour le seconder : il pensa à appeler auprès de lui un collaborateur, un autre lui-même. Oh ! elle sera toujours présente à ma mémoire, l'entrevue entre le prêtre qui déposait les armes, après avoir combattu, et le prêtre qui les recevait de ses mains vénérables : c'était le père qui trouvait un enfant, c'était l'enfant qui disait à son père : Me voici, parlez ; je vous obéirai.

Depuis ce moment, tranquille sur l'administration de sa paroisse, il demanda à son Dieu d'être tout pour lui dans le temps, d'être tout pour lui dans l'éternité. La solitude, sa pensée favorite, vint encore consoler la dernière année de sa vie : c'est à peine s'il consentait à l'interrompre parfois pour une société amie, pour une société chrétienne. Heureux de se retrouver avec son humilité, avec lui-même, il attendait avec confiance le moment d'être débarrassé des liens qui l'attachaient à la terre, pour aller se reposer dans le sein de Dieu, sa joie, son amour, ses délices, sa félicité.

Cependant un de ces faits qui sont la gloire de la piété qui les produit vint réjouir le cœur du bon pasteur. Une maison s'ouvrit sous ses yeux, une maison appelée à remplir une double fonction, celle de porter des secours et des consolations aux indigents et aux malades ; celle d'élever chrétiennement, d'initier aux premières connnaissances, surtout de former à l'art de se bien conduire une partie de l'enfance de cette paroisse et des paroisses environnantes. Le jour de l'arrivée des sœurs de Saint-Paul de Chartres,

fut un jour de joie et de consolation pour ce père,
qui depuis trente ans ne vivait que pour ses parois-
siens, devenus ses enfants. Heureux d'avoir vu combler par cette pieuse fondation (*) tous les vœux
qu'il avait adressés à Dieu dans leur intérêt, il ne
pensa plus qu'à remettre son âme entre les mains du
Seigneur.

Vous, son fils, qui avez reçu, qui avez conservé
dans votre cœur les derniers sentiments de sa piété,
les dernières expressions de son espérance, et cela
pendant que vous versiez l'huile sainte sur ses mem-
bres qui se glaçaient, oh! dites-nous la foi, la ferveur
avec lesquelles il répétait les prières si touchantes de
l'Église; dites-nous son amour, sa componction,
quand il prit l'image de son Dieu, de son Dieu cru-
cifié, quand il prit la croix de ses mains défaillantes,
pour y coller ses lèvres prêtes à exhaler leur dernier
souffle.

Vous le voyez : sa vie a été la vie du juste; sa
mort a été la mort du vrai chrétien, du prêtre ver-
tueux.

Il n'est donc plus! cet homme qui a été l'homme
de bien, ce ministre qui a été le ministre fidèle, ce
père qui a été le père le plus doux. Il n'est plus! oh!
je me trompe : les justes ne meurent point. C'est
notre vie qui est la mort; c'est la mort précieuse aux
yeux du Seigneur qui est la vie.

Oui, votre ami, votre pasteur vit encore, et c'est
pour vous faire entendre ces dernières paroles, paroles solennelles, paroles sacrées, paroles qu'il vous
laisse comme son testament :

(*) Cette fondation a été faite par madame veuve Javon.

Pensez à moi, pensez à vous. Pensez à moi, à mes instructions, à mes exemples, à tout ce que j'ai fait pour vous. Pensez à vous, à votre salut, à votre âme, à votre éternité. Pensez à moi : je vous ai aimés ; oh! aimez-moi. J'ai prié pour vous : priez pour moi. J'ai béni les tombes qui renferment vos amis, vos parents : oh! une larme, une prière sur la mienne ; sur la mienne, qui est ouverte ; sur la mienne, dans laquelle je vais descendre ; sur la mienne, dans laquelle je vais attendre le grand jour de la résurrection. Pensez à vous, aimez-vous les uns les autres, soyez chrétiens, vivez selon les maximes de l'Évangile, obéissez à l'Église votre mère, amassez-vous des trésors pour l'éternité. Car heureux sont ceux qui meurent dans le Seigneur : leur mort, c'est le repos après le travail ; ils paraissent devant Dieu entourés du cortége de ces œuvres, qui leur assurent la vie de la gloire, la vie du bonheur, la véritable vie, la vie éternelle.

Beati mortui qui in Domino moriuntur : amodo ut requiescant a laboribus suis ; opera enim illorum sequuntur illos.

IMPRIMERIE DE Mme Ve BOUCHARD-HUZARD,
rue de l'Éperon, 7.